**PROPERTY OF:**

______________________________

INSIGHTS

INSIGHT EDITIONS

*San Rafael, California*
www.insighteditions.com